물 아저씨 과학 그림책 4
키다리 나무 아저씨의 비밀

2016년 3월 10일 1판1쇄 발행 | 2025년 3월 15일 1판21쇄 발행

글·그림 | 아고스티노 트라이니   옮김 | U&J
펴낸이 | 나성훈   펴낸곳 | (주)예림당
등록 | 제2013-000041호   주소 | 서울시 성동구 아차산로 153
구매 문의 전화 | 561-9007   팩스 | 562-9007
책 내용 문의 전화 | 3404-9228
http://www.yearim.kr

책임 개발 | 전윤경 / 서인하   디자인 | 이정애   콘텐츠 제휴 | 문하영
제작 | 신상덕 / 박경식   마케팅 | 임상호 전훈승

ISBN 978-89-302-6861-5 74400
ISBN 978-89-302-6857-8 74400(세트)

이 책의 한국어판 저작권은 (주)예림당과 Atlantyca S.p.A.사와의 독점 계약으로 (주)예림당에 있습니다.
저작권법에 의해 한국 내에서 보호를 받는 저작물이므로 무단 전재와 복제를 금합니다.

All names, characters and related indicia contained in this book, copyright of Edizioni Piemme S.p.A., are exclusively licensed to Atlantyca S.p.A. in their original version. Their translated and/or adapted versions are property of Atlantyca S.p.A. All rights reserved.
Text and illustrations by Agostino Traini

©2012 Edizioni Piemme S.p.A., Palazzo Mondadori – Via Mondadori, 1 – 20090 Segrate
©2016 for this book in Korean language – YeaRimDang Publishing Co., Ltd.
International Rights   Atlantyca S.p.A. - foreignrights@atlantyca.it – www.atlantyca.com
Original Title: COME È NATO IL SIGNOR ALBERO
Translation by: 키다리 나무 아저씨의 비밀

No part of this book may be stored, reproduced or transmitted in any form or by any means, electronic or mechanical, including photocopying, recording, or by any information storage and retrieval system, without written permission from the copyright holder. For information address Atlantyca S.p.A.

물 아저씨 과학 그림책 4

키다리 나무 아저씨의 비밀

글·그림 아고스티노 트라이니

"왔다, 왔어!"
피노와 아고가 주문한 새 침대가 도착했어요.
사다리가 달린 이층 침대예요. 피노와 아고는
온종일 바삐 움직여 뚝딱뚝딱 멋진 침대를 완성했어요.

그날 밤, 아고는 침대에 오르다 상표를 발견했어요.
"이 침대 말이야, 벚나무로 만들었대!"

아고와 피노는 나란히 누워 나무에 대한 책을 읽었어요.
그러다 스르르 잠이 들었는데, 어느새 침대는 나뭇가지 사이에
자리잡은 둥지가 되었어요.

"안녕? 얘들아. 잘 잤어?"
커다란 나무 아저씨가 아고와 피노에게 인사를 건넸어요.
"아저씨는 무슨 나무예요?"
"나는 벚나무란다. 내 이야기가 궁금하니?"

아저씨 이야기를 들려주세요!

그래, 알았다.

"옛날 옛적에 맛있는 열매가 주렁주렁 열리는 나무가 있었어.
새들은 그 열매를 무척이나 좋아했지."

아, 배고파!

난 실컷 먹었어!

히히,
똥이래~

"어느 날, 새 한 마리가 열매를 잔뜩 먹고 들판 위로 날아올랐어.
새는 날면서 똥을 눴는데, 바로 그 안에 내가 있었어."
"푸하하, 새똥 안에 있었다고요?"
아고가 큰 소리로 웃음을 터뜨렸어요.
"응, 그때 나는 지금 같은 모습이 아니었어. 열매 안에 있는
작은 씨앗이었는데, 새가 그걸 꿀꺽 삼킨 거지."

"땅에 떨어질 때 아프지 않았어요?"
아고와 피노가 걱정스럽게 물었어요.
"아니! 땅은 푹신푹신하던걸."

"드넓은 들판에 떨어진 나는 두리번거리며 사방을 둘러봤어.
그런데 때마침 지나가던 노루가 발로 나를 밟지 뭐야.
그 바람에 난 땅속으로 쑥 들어가 버렸지."
"큰일 났네요!"
아고의 표정이 어두워졌어요.

"아니, 오히려 잘된 일이었어! 노루가 도와준 셈이었으니까.
땅속은 포근해서 뿌리를 내리기 알맞았거든."
나무 아저씨가 환하게 웃으며 말을 이었어요.

"배가 고플 때는 물 아저씨가 도와줬어. 비가 된 물 아저씨가 하늘에서 내려와 땅을 촉촉이 적셔 주었지. 덕분에 난 뿌리로 시원한 물을 실컷 마실 수 있었어."

잘 익었군!

물 아저씨가 도와주셨구나.

"그런데 땅속에만 있으니 너무 답답한 거야.
몸이 근질근질해서 흙을 뚫고 위로 올라갔지."

"어느새 내 몸에서 파릇파릇한 새싹이 돋아나기 시작했어. 맑은 공기를 마시고, 따뜻한 햇볕도 듬뿍 쬐면서 나는 멋진 나무로 자랐단다."

"여름이 끝날 무렵에는 졸음이 쏟아졌어. 새파랗던 잎사귀들도 누렇게 변하더니, 한 잎 두 잎 떨어지기 시작하더라고."

"나는 병에 걸린 줄 알고 덜컥 겁이 났어. 정말 무서웠다니까. 그런데 마침 지나가던 곰이 친절하게 알려 줬어. 나뭇잎이 모두 떨어지면 겨울잠을 자게 될 거라고 말이야. 대부분의 나무들이 겪는 일이라고 했어."

"겨울 내내 잠을 잔다는 거예요?"
아고와 피노가 깜짝 놀라 물었어요.
"응, 맞아. 나는 아주 깊이 잠이 들었어."

"물 아저씨가 폭신폭신한 눈으로 변해 겨울잠을 자는 친구들을 포근하게 덮어 주었지. 곰도, 개구리도, 나도 하얀 눈 이불을 덮은 채 곤히 잠을 잤어."

"그럼 언제 잠에서 깨어났어요?"
"따스한 봄기운이 코끝을 간지럽혀서 잠에서 깼어.
며칠 있으니까 새잎이 뾰족뾰족 돋아나더라고."

"그렇게 몇 해가 지나자, 내 몸 가득 예쁜 꽃들이 피어나고 동글동글한 열매가 맺히기 시작했어."

"그 뒤로 해마다 많은 새들이 내 열매를 맛보러 몰려들었단다."
"우아, 그럼 아저씨의 열매를 먹은 새들도 씨앗을 다른 곳으로 많이 옮겼겠네요?"

"맞아! 내 열매에서 어린 나무들이 많이 태어났을 거야."
나무 아저씨가 껄껄껄 웃었어요.

"시간이 흘러 나는 할아버지 나무가 되었어."
나무 아저씨가 지그시 눈을 감고 말했어요.
"그러던 어느 날은 나무꾼들이 와서 나를 베더니 여러 가지 물건으로 만들었어. 너희가 쓰는 침대 같은 것들 말이야. 그래서 나는……."

어느덧 아침이 되어, 아고와 피노가 졸린 눈을 비비며 일어났어요.
"꿈에 벚나무가 나왔어."
"정말? 나도 벚나무 꿈을 꿨는데!"
그런데 훨씬 더 놀라운 일이 벌어졌어요.
침대 기둥에 작고 예쁜 새싹이 파릇파릇 돋아났지 뭐예요!

나무 아저씨와 함께하는 신나는 과학 실험

차근차근 따라 해 보세요!
그동안 알지 못했던 재미있고 흥미진진한
사실들을 알게 될 거예요.

저절로 피어나는 마법 꽃

준비물

 종이

 색연필

 가위

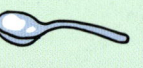 숟가락

 물

 접시

난이도

1

종이에 꽃을 그리고
예쁘게 색칠한 뒤,
어른에게 가위로 꽃을
오려 달라고 부탁하세요.
꽃잎이 떨어지지 않도록
조심조심 오려야 해요!

② 꽃잎이 가운데로 모이도록 하나씩 접어요. 한 잎씩 돌아가며 접어도 되고, 마주 보고 있는 꽃잎끼리 접어도 돼요.

③ 숟가락으로 물을 떠서 접시에 부은 다음, 종이로 만든 꽃을 접시 위에 놓아요.

④ 놀랄 준비됐나요? 조금 지나면 종이 꽃이 활짝 핀답니다!

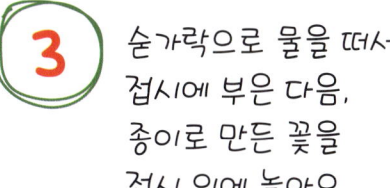

물이 종이 꽃에 있는 아주 작은 틈으로 스며들어 종이가 부풀기 때문에 종이 꽃이 활짝 펼쳐져요. 식물의 뿌리로 흡수된 물이 잎사귀까지 전해지는 것과 비슷하지요. 이를 모세관 현상이라고 해요.

사과나무 심기

준비물

 사과 1개

 흙이 담긴 화분 또는 플라스틱 컵

 물

난이도

1

사과를 한 개 준비해요.
사과 속에는 씨앗이 여러 개 있는데, 이 씨앗은 커다란 사과나무로 자랄 수 있는 대단한 힘을 가지고 있어요.

② 화분에 씨앗을 심어요.

③ 물을 약간 부어 흙을 적셔요!

시간이 필요해!

④ 이제 기다려요. 흙이 마르면 물을 줘요.
하루하루 지날수록 깜짝 놀랄 일이 벌어질 거예요.

 →  →  →

흙 위로 싹이 올라와요. / 초록색 떡잎이 나와요. / 씨앗의 껍질이 떨어져요. / 본잎이 나와요!

흙 속의 씨앗에서 뿌리가 나와 자리를 잡으면 싹이 트고 떡잎이 나와요. 곧 잎이 나고 줄기가 쑥쑥 자라지요. 몇 해가 지나면 꽃을 피워 열매를 맺고 다시 씨앗을 만들 거예요. 이 과정을 식물의 한살이라고 해요.

아고스티노 트라이니는 누구일까요?

저는 1961년에 태어났어요.
어렸을 때는 몰랐어요.

커서 그림책을 만드는 사람이
될 줄 말이에요.

한 권의 책을 만들려면 먼저
좋은 생각이 떠올라야 해요.

보통은 재미있는 등장인물들이
머릿속에 떠올라요.

엉뚱한 상황들도요.

하지만 가끔은 아무 생각도
나지 않을 때가 있어요!

생각이 떠오르면 그림을 그리기 시작해요. 먼저 연필로 그린 다음, 검은색 잉크로 다시 그려요.

그런 다음, 모든 장면을 색칠해요. 붓과 물감을 쓰기도 하고

컴퓨터로 작업할 때도 있어요. 이 책은 컴퓨터로 만들었어요.

이 모든 작업이 끝나면 인쇄해서 책이 완성됩니다. 정말 행복한 순간이지요!

Agostino Traini

아래의 주소로 저에게 이메일을 보낼 수 있어요.
agostinotraini@gmail.com

물 아저씨 과학 그림책

과학 공부의 시작은 물 아저씨와 함께! 세상 곳곳의
신기한 과학 현상을 배우며 지적 호기심을 가득 채워 보세요!

글·그림 아고스티노 트라이니 | 175×240mm | 32~48쪽

 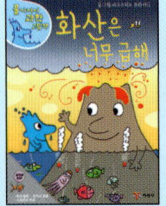 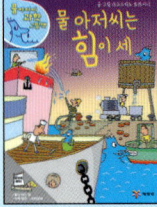  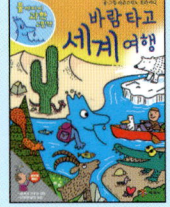 

1 **물** 아저씨는 변신쟁이
2 **공기** 아줌마는 바빠
3 **해** 아저씨는 밤이 궁금해
4 키다리 **나무** 아저씨의 비밀
5 **계절**은 돌고 돌아
6 물 아저씨와 **감각** 놀이
7 알록달록 **색깔**이 좋아
8 **화산**은 너무 급해
9 물 아저씨는 **힘**이 세
10 **농장**은 시끌벅적해
11 바람 타고 **세계** 여행
12 **불** 아저씨는 늘 배고파
13 **폭풍**은 이제 그만
14 물 아저씨와 **몸속** 탐험
15 옛날에 **공룡**이 살았어
16 **파도**가 철썩 지구가 들썩
17 **바다 괴물**의 비밀